Auto-hipnose e a Neurociência

Marcelo Araújo

2017

Sumário

Introdução

A Hipnose teve início no século XVIII. Desde desse período houve avanços nas técnicas para o controle da mente, explorando todo o seu potencial de cura dos males físicos e mentais. Mais recentemente, no final do século XX, A Neurociência assumiu a dianteira das pesquisas científicas sobre o cérebro, integrando diversas ciências.

Os aparelhos de neuroimagem possibilitaram uma revolução no entendimento de todo o funcionamento do cérebro e da mente humana. Nesse contexto, esta obra vem contribuir no sentido de integrar os conhecimentos da Neurociência e das técnicas de auto-hipnose, visando possibilitar o controle completo da mente e resolver os principais problemas da existência.

Nesse sentido, o livro traz técnicas que podem ser praticadas por qualquer pessoa, utilizando uma linguagem simples. O leitor poderá aprender a ter uma vida de melhor qualidade, possibilitando superar os desafios de sua vida. Problemas como ansiedade, depressão, sobrepeso, insônia, cansaço, desmotivação e doenças serão mostrados em uma perspectiva diferente, como uma disfunção da mente e que podem ser superados através da vontade e do exercício das técnicas de auto-hipnose.

O objetivo desta obra é oferecer os instrumentos para o leitor ter a capacidade de dominar a mente consciente e inconsciente, conseguindo assumir o leme e ter o controle da sua vida. Esse conhecimento vai permitir ampliar o leque de possibilidades na resolução de problemas e na realização de seus sonhos.

Capítulo 1 - Funcionamento da Mente

Nós temos duas mentes que controlam a nossa vida e o funcionamento do nosso organismo: uma consciente e outra inconsciente. Isso explica a grande dificuldade que temos em atingir os objetivos e ser feliz, pois sentimos que algo lá dentro está em constante conflito. Acabamos sendo reativos e deixando que as ondas da vida guiem o caminho.

A mente consciente é a racional, que se comunica. Ela é aquela mente falante dentro de nós, sendo responsável pelo raciocínio lógico, planejamento e tomada de decisões. Está mais associada ao hemisfério esquerdo e áreas frontais do cérebro. Como comparação, ela é o Presidente da República. Ou seja, um presidente não sabe tudo o que acontece com a nação ou em seu governo de forma detalhada, mas tem as informações mais relevantes para decidir sobre o que faremos hoje e sobre o futuro da nação.

Já a mente inconsciente é a emocional e aquela que cuida de todo o trabalho pesado do nosso metabolismo. Na metáfora utilizada, ela corresponde a todo o Governo, empresas e cidadãos da nação, produzindo e trabalhando vinte e quatro horas sem parar. Está associada ao hemisfério direito e áreas mais baixas e centrais do cérebro. Ela é não verbal, ou seja, é muda, mas escuta tudo. Ela se comunica com a mente consciente através dos sentimentos e de imagens. É ela quem domina tudo o que fazemos bem sem pensar. Por exemplo, ao dirigir, é a mente inconsciente que está no comando, permitindo que você consiga conversar com alguém ou pensar em outra coisa.

Você agora está respirando, seu coração batendo, o corpo fazendo a digestão e se defendendo de ataques de vírus e bactéria. Isso tudo sem se dar conta, pois é a mente inconsciente quem controla todos esses processos. É nela que está toda a bagagem de conhecimento acumulada na vida atual e dos nossos ancestrais.

A mente consciente manda na inconsciente. Ela é o Presidente, quem define o que será prioridade e merecerá a atenção. A mente inconsciente escuta e utiliza tudo o que aprendeu para fazer a vontade da mente consciente. Quando percebe que o Presidente está errado, ela envia sinais, manifestados através de sentimentos, imagens, sonhos, doenças ou dores.

Dessa forma, há um poder incrível da mente consciente em determinar o que se quer, obtendo toda a cooperação da mente inconsciente. A forma de se obter isso pode ser feita através da sugestão por meio da Auto-hipnose, descrita no próximo capítulo.

Capítulo 2 - Auto-Hipnose

A auto-hipnose é uma técnica de sugestão baseada nos aspectos simbólicos de comunicação com o inconsciente. Conseguimos realizar essa comunicação de maneira mais adequada quando estamos mais relaxados, permitindo enviar as ordens de cima para baixo.

O nosso cérebro emite ondas que podem ser medidas através da frequência em ciclos por segundo. Cada uma dessas ondas corresponde a um estado de consciência diferente, conforme apresentado na tabela a seguir:

Onda	Frequência	Estado
Beta	13 a 38 ciclos por segundo (Hz)	Processamento de pensamento
Alpha	8 a 13 ciclos por segundo (Hz)	Relaxamento, visualização de imagens e devaneio (Auto-Hipnose)
Theta	4 a 8 ciclos por segundo (Hz)	Sonhos e meditação profunda
Delta	0,5 a 4 ciclos por segundo (Hz)	Sono profundo: mente inconsciente
Gama	Acima de 39 ciclos por segundo (Hz)	Criatividade; maior atividade mental

Conforme mostra a tabela, quanto menor for a frequência, maior o relaxamento e o contato com a mente inconsciente.

Quando fechamos os olhos e pensamos em algo bom, entramos na onda alpha, que é a frequência da auto-hipnose. Esse é o estado adequado para fazer a programação mental e se comunicar com a mente inconsciente.

Outro fator importante é que a mente inconsciente consegue aprender novas informações e fazer as coisas em nível de excelência após intensa repetição. Só depois disso é que algo vira automático e passa a fazer parte da nossa vida. Dessa forma, a principal estratégia ao se comunicar com o inconsciente é repetir o pensamento ou comportamento, de forma que ela possa aprender automaticamente e fazer valer o novo hábito ou objetivo. Para isso, primeiro precisamos saber o que queremos da vida, tema do próximo capítulo.

Capítulo 3 - Planejamento de Vida

Para melhorar a vida em qualquer aspecto, é preciso saber o que se quer e planejar como atingir os grandes objetivos ou sonhos. Dessa forma, será importante definir a missão, visão, objetivos, metas e sonho.

A missão é o seu propósito de vida resumido em uma frase. Por que e para que está no mundo? O que você sabe fazer? Qual o significado maior daquilo que faz? Por exemplo, um músico não apenas faz shows ou músicas, ele leva alegria e divertimento para as pessoas. Um arquiteto não apenas faz projetos, ele contribui para oferecer mais paz, conforto e harmonia às pessoas com os ambientes projetados. Ou seja, todos podem ter uma missão de vida que proporcione ajudar a sociedade de alguma forma.

A visão é como você se enxerga no futuro, normalmente medido no prazo de 5 anos. Esse futuro dependerá sempre do que faz hoje. Mesmo que não planeje conscientemente, as suas ações estão definindo quem será no amanhã. Assim, ela é uma frase resumida de como estarei ou quem serei no decorrer do tempo.

Os objetivos seriam os pontos estratégicos da vida para conseguir atingir a visão ou o sonho. Por exemplo, antes de ser um advogado, é preciso cumprir o objetivo de fazer o curso de Direito.

As metas correspondem à divisão dos objetivos em etapas. Ou seja, elas correspondem aos resultados esperados para a realização do planejamento.

Já o sonho é a visão de longo prazo para a vida pessoal ou coletiva, que projeta a mente para a velhice, tendo atingido ao objetivo maior da vida.

Para exemplificar, vamos imaginar que um jovem queira ser um grande advogado na área trabalhista, definindo o seu planejamento de vida a seguinte forma:

Missão	Ajudar as pessoas e empresas na resolução de seus conflitos no trabalho
Visão	Ser um advogado trabalhista daqui a cinco anos
Objetivos Estratégicos	1) Concluir o curso de Direito 2) Fazer Pós-graduação em Direito do Trabalho 3) Estagiar no maior escritório de Advocacia trabalhista da cidade 4) Montar o próprio escritório de Advocacia Trabalhista

Metas	1) Ler 24 livros de direito ao ano 2) Estudar 4 horas por dia 3) Estudar todos os livros de Direito do Trabalho dos doutrinadores mais renomados do país 4) Fazer uma poupança mensal de 20% da renda
Sonho	Ser reconhecido como um dos melhores advogados trabalhistas do Brasil

Esse planejamento será a bússola da vida do indivíduo, norteando as suas principais decisões. Assim, ficará mais fácil trabalhar e programar a sua mente com as técnicas de auto-hipnose, tema que veremos no próximo capítulo.

Capítulo 4 - Técnicas de auto-hipnose

A auto-hipnose representa todas as técnicas de relaxamento e de programação mental. Serão descritas algumas dessas técnicas eficazes para resolver os principais problemas enfrentados na atualidade.

I) Respiração diafragmática

Consiste em respirar pelo diafragma. Deite-se confortavelmente e coloque a mão direita na altura do seu umbigo. Respire sentindo o seu abdômen levantar, com toda a respiração concentrada nele. Respire cada vez mais devagar. Essa respiração oxigena melhor o organismo e acalma o cérebro, provocando intenso relaxamento.

II)   Lugar de paz

Feche os olhos e imagine um lugar de natureza que você conhece e se sente em harmonia. Veja você nesse lugar e visualize cada detalhe. Para o cérebro, imaginar estar em um lugar é como se fosse real. Dessa forma, você sentirá a mesma sensação de paz e bem estar, como se estivesse de fato lá.

III)   Olhar fixo

Essa técnica é utilizada para meditar e aumentar a capacidade de atenção da mente. Olhe fixamente para um ponto qualquer, colocando toda a sua atenção nele por muitos minutos. Quando a vista começar a embaçar, você estará em transe hipnótico, percebendo um grau de atenção muito grande. Pode ser utilizado antes de estudar ou qualquer tarefa que envolva a atenção.

IV)   Visão de futuro

Em um local espaçoso, imagine uma linha no chão e feche os olhos. Sugestione para a sua mente que cada passo que der para frente, irá avançar um ano no futuro. Determine que a sua mente inconsciente mostre essas imagens. Em pouco tempo, essas imagens surgirão. Deixe fluir, explorando todos os detalhes e fazendo perguntas. Você sentirá como se estivesse sonhando acordado.

V)   Relaxamento progressivo

Consiste na técnica de contrair e soltar a tensão dos músculos junto com a respiração. Deite confortavelmente e respire pelo diafragma. Contraia a musculatura do pé direito, respire profundamente e solte o ar, relaxando também a musculatura contraída. Sempre nessa ordem: contrai, respira e solta o músculo junto com a respiração. Faça isso com os principais músculos: panturrilha, coxa, nádegas, costas, abdômen, peitoral, braços, mãos, ombros, nuca e mandíbula. Repita mentalmente que cada vez que solta a musculatura relaxa mais, liberando todo o estresse acumulado durante os últimos dias.

VI)   Técnica do relógio

Consiste em visualizar um relógio de apenas um ponteiro. Cada número que o ponteiro parar, repete-se a seguinte frase: "Relaxado (a), bem relaxado (a)". A frase é repetida pela quantidade de vezes do número em que o relógio parou. Exemplo: parou no 2, repete a frase duas vezes, parou no 3, repete a frase três vezes e assim por diante até girar todo o relógio.

VII) Mantra

Muito utilizado no oriente, o mantra é uma repetição de palavras com sonoridade, de forma a facilitar a meditação e o controle da mente. Passo essa técnica aos meus clientes, como uma programação mental do que se quer para a vida. Imagine o que normalmente pensa no final do ano como objetivo para o próximo. O que deseja para a sua vida? Amor? Paz? Prosperidade? Luz? Saúde? Então escolha duas dessas palavras e repita formando uma sonoridade. Exemplo: Saúde e paz; saúde e paz; saúde e paz; saúde e paz; saúde e paz. O mantra consiste em repetir por longos minutos. Essa técnica facilita a programação mental e impede os pensamentos negativos. Você pode utilizar nos momentos de espera ou ociosidade mental: dirigindo, no ônibus, metrô, banco ou até mesmo no banho.

VIII) Repetição de pensamentos

Consiste em repetir frases positivas antes de dormir. Resuma o seu principal objetivo do momento e resuma em uma frase. Exemplos: "Vou conseguir um emprego"; "A cada dia eu tenho mais saúde". Essa frase deverá ser repetida como uma canção até você dormir completamente.

Capítulo 5 - Superação do medo e da ansiedade

Quando estamos ansiosos ou com medo, o Sistema Nervoso Simpático é ativado, preparando o corpo para lutar, fugir ou paralisar. O sangue flui para o músculo, o sistema digestivo fica travado, a pressão sanguínea aumenta. Nesse momento o cérebro é comandado pelo inconsciente, mais precisamente a amígdala, que é a sentinela emocional do cérebro.

Esse sistema instintivo está presente na evolução para garantir a sobrevivência. Seja quando o homem das cavernas dava de cara com um animal perigoso, seja quando hoje somos vítimas de algum estímulo de risco, como um assalto. O problema é que podemos ficar com medo ou ansiosos sem que um problema real esteja acontecendo. Isso é um alarme neural anacrônico. A amígdala passa a ficar sensível, tocando o alarme do bombeiro sem haver fogo.

Existem técnicas específicas para controlar esse sistema. A mente consciente, mais precisamente o córtex pré-frontal, tem o poder de controlar a mente inconsciente, mostrando ao cérebro que está tudo sob controle.

A mente consciente evoluiu no sentido de ter a capacidade de aprender, planejar e resolver problemas, dentro de uma perspectiva de cooperação com outros seres humanos e animais. Quando ficamos olhando apenas o lado negativo das coisas, ou colocando todo o foco no problema, causamos angústia e disparamos os alarmes do medo do futuro pela nossa mente inconsciente. Para ficar tudo bem, precisamos ter um bom planejamento do futuro e focar a nossa atenção no presente, deixando os problemas futuros para serem resolvidos no momento oportuno.

Dessa forma, a primeira técnica é fazer um bom planejamento de vida, como foi visto no capítulo 3. Isso vai acalmar a mente inconsciente, mostrando a ela o direcionamento estratégico.

A segunda técnica é viver o agora. A mente consciente processa a memória de trabalho, que é o momento atual. Ou seja, o mais importante para o cérebro é o que está acontecendo e não o passado ou o futuro.

A terceira técnica consiste nos exercícios de auto-hipnose. Você poderá começar com a respiração diafragmática e levando a sua mente para um lugar de paz. A técnica consiste em focar a sua atenção ao seu interior. Caso venham pensamentos, você toma consciência deles e volta a se concentrar na imagem. O relaxamento progressivo é outra técnica fantástica, podendo ser acompanhado das outras técnicas vistas, como a do relógio. Sugiro fazer pelo menos 15 minutos de meditação por dia. Esse exercício irá acalmar a sua amígdala e vai provocar uma mudança completa em seu cérebro. Aumentará o controle emocional e o processamento de informações, fazendo controlar cada vez mais o medo e a ansiedade.

Em resumo, ter um rumo na vida, viver o presente e fazer meditação são as grandes armas para controlar a ansiedade e o medo. A vida pede ousadia para a mudança e construção do novo.

Capítulo 6 - Superação da depressão

A depressão é a mente inconsciente mostrando ao consciente que o rumo da vida atual está equivocado. A mente reduz a produção dos neurotransmissores necessários ao bom funcionamento do cérebro. Há uma tendência de parar tudo, ficar mais pensativo e pedir ajuda.

O indivíduo sai da depressão quando consegue encontrar esse novo sentido ou rumo para a sua vida. É um mecanismo sábio da mente inconsciente. Dessa forma, se você está em depressão ou conhece alguém nessa situação, preste bem atenção ao roteiro para sair dela.

A primeira coisa e mais importante é o egocentrismo. O primeiro estímulo é sair dos problemas do seu próprio ego e se voltar para o próximo. Se a sua vida está ruim, tem pessoas com a vida pior do que a sua. A primeira tarefa é parar de reclamar, olhar em volta e se dedicar a alguma atividade de ajuda ou caridade. Pode ser um trabalho voluntário, ajudar alguém da família, vizinhança. Ou seja, o importante é se colocar em ação.

A segunda coisa é o controle dos pensamentos disfuncionais. Não adianta pensar que ninguém liga para você, que a vida é ruim, que está solitário, que alguém o deixou ou que perdeu o emprego. Isso só vai alimentar a sua tristeza e aumentar os seus pensamentos negativos. Qualquer problema que você possa ter, haverá uma solução. Se não há solução, você não tem um problema. A vida já resolveu. Aceite e pense o que depende só de você para mudar. Isso estará sempre no seu controle.

A terceira é aprender a agradecer. O depressivo está sempre de mau humor e reclamando de tudo. Será que a vida é tão injusta assim? Você tem um emprego? Então pense que muita gente hoje está sem emprego. Você tem uma casa para morar? Então pense na quantidade de pessoas que moram na rua ou em condições péssimas. Você tem alguma poupança ou bens materiais? Então pense na maioria das pessoas no mundo que não possui patrimônio. Você tem filhos? Então pense na quantidade de pessoas que não podem ter filhos e estão na fila de adoção. Você tem amigos? Então pense nas pessoas idosas, doentes e que foram abandonadas, ficando sem amigos para compartilhar as coisas da vida. Você tem algum companheiro (a)? Então pense na quantidade de pessoas que não encontraram ninguém ou que se separaram e hoje estão solteiras. Ou seja, sempre haverá duas posturas diante da vida. Alguns choram, outros mobilizam a força interior para mudar ou construir algo. Aprender a agradecer é a primeira lição para aprender o otimismo.

A quarta é a meditação. Como já mencionado, a meditação ou auto-hipnose vai ajudar a modificar os padrões do seu cérebro.

A quinta coisa a ser modificada se refere aos exercícios físicos. Eles aumentam a produção de endorfina, causando bem estar ao cérebro. Além disso, melhora a respiração, a circulação sanguínea e elimina toxinas do seu organismo. A Organização Mundial da Saúde recomenda a prática de 30 minutos diários de exercício físico por pelo menos cinco dias na semana.

A sexta coisa é a socialização. O ser humano evoluiu em grupo e o isolamento é um fator depressivo. Procure atividades que possam envolvê-lo em algum grupo. Se não tiver amigos, procure formas de conhecer novas pessoas. Pode ser academia, um curso, aula de dança, Yoga ou um grupo de viagens. O importante é sair da solidão e interagir com pessoas.

A sétima coisa é sair da ociosidade mental. O ócio é a maior fábrica de depressivos da humanidade. O cérebro e o corpo físico pedem ação. Procure fazer atividades úteis para você e para a sociedade. Não precisa ser um trabalho formal, pode ser qualquer projeto ou atividade que mobilize a sua mente e de preferência que traga algum benefício a você ou ao próximo.

A oitava e última coisa é colocar a vida em novo rumo. Para sair em definitivo da depressão, o indivíduo precisa repensar a sua vida e encontrar um novo sentido para a sua existência. Se aquela vida anterior deixou a vida sem sentido, insistir nela poderá levar a uma morte rápida. Dessa forma, para sair de forma definitiva da depressão é preciso encontrar e passar a seguir esse novo significado da existência. Utilize a técnica de planejamento do capítulo 3.

Em resumo, ser mais altruísta; ter pensamentos positivos; aprender a agradecer; praticar meditação e atividades físicas; estar com pessoas; ocupar a mente e encontrar um novo significado para a existência é a porta de saída para a depressão e para reencontrar o bem estar e a felicidade na vida.

Capítulo 7 - Problemas com o sono e cansaço

A insônia está muito relacionada à ansiedade. Para dormir precisamos desligar a mente consciente. Entretanto, quando ficamos pensando nos problemas, estamos dizendo a mente inconsciente que precisamos ficar acordados para continuar buscando uma resolução e pensando sobre o futuro. Com isso, a frequência cerebral aumenta, ficamos agitados e não conseguimos dormir. Outro problema derivado do sono, do estresse e da ansiedade é o cansaço. Esses dois problemas minam a nossa energia e a produtividade, levando o indivíduo a problemas psicológicos e depressão.

Para melhorar a qualidade do sono, precisamos aplicar as técnicas de auto-hipnose. Um primeiro aspecto importante é determinar de maneira consciente a hora que irá acordar. Olhe para o relógio e diga mentalmente a sua mente inconsciente: tenho de acordar às x horas e preciso de uma noite de sono tranquila e reparadora. Depois disso, se desligue dos problemas e aplique as técnicas de respiração associadas à contagem regressiva ou à técnica do relógio.

Passe a respirar pelo diafragma e comece a fazer uma contagem lenta regressiva de 100 a 1, sugerindo para a sua mente que a mente relaxa mais quando vai descendo na contagem. Visualize os números aparecendo e apagando da sua mente. Poderá ainda, respirar e visualizar um relógio de um ponteiro, parando em cada número e repetindo a frase: "relaxado (a), bem relaxado (a)". Essa frase deve ser repetida a quantidade de vezes do número em que o ponteiro do relógio parou. Em pouco tempo, a mente consciente irá desligar e você entrará em sono profundo.

O cansaço acaba sendo uma repercussão da programação mental e respiração equivocada. O indivíduo fica cansado porque respira mal, está estressado e só fala em cansaço. Esse círculo vicioso tende a se perpetuar durante toda a vida. Para resolver isso, a atividade física e a meditação de 15 minutos por dia poderá ajudar a melhorar a respiração e a reduzir o estresse. A outra coisa é você parar de dizer que está cansado. Isso faz com que você diga a mente inconsciente que não aguenta mais e precisa de cama, fazendo estar sempre indisposto. Diga a sua mente: "quanto mais eu trabalho, produzo ou me divirto, mais disposto e animado eu fico". Essa mudança de padrão de pensamento vai programar a sua mente inconsciente a deixar o seu corpo e a sua mente no estado adequado para continuar produzindo ou de bom humor quando em alguma atividade social. Quando pensar em cansaço, sempre se pergunte por que outras pessoas que trabalham muito, dormem pouco e também tem filhos conseguem ser tão produtivos e animados e você não? A resposta está em como está respirando e como tem programado a sua mente. Lembre-se, todo pensamento é uma programação mental.

Em resumo, para superar a insônia e o cansaço, recomendo a programação mental positiva, aplicar as técnicas de relaxamento antes de dormir, fazer meditação e atividade física.

Capítulo 8 - Prevenção de doenças e curas

A doença é um sintoma de desarmonia em nossa mente. As células do nosso cérebro emocional e do sistema imunológico estão inteiramente ligadas. Há, ainda, conexões com o coração. Dessa forma, a forma como encaramos a vida e o controle emocional estará diretamente relacionada à nossa saúde.

Conforme já mencionado nos capítulos anteriores, a prevenção de doenças físicas e mentais está relacionada com a qualidade de vida. A dieta do mediterrâneo, os exercícios físicos e a meditação são os hábitos para manter a saúde perfeita. Além disso, precisamos exercitar o altruísmo, ou seja, o amor ao próximo, evitando o estresse, a raiva e o rancor. Aprender a perdoar é um grande aliado a nossa saúde.

O grande segredo da longevidade é a respiração. Quando ficamos tensos e comemos muito o organismo consome mais oxigênio, provocando a oxidação, ou seja, o envelhecimento das nossas células. Quanto mais oxigênio se consome, menor será o tempo de vida. Os exercícios físicos eliminam as toxinas do organismo e fazem com que em repouso tenhamos menos batimentos cardíacos por minuto, fazendo o corpo consumir menos oxigênio para as atividades. Por isso que é tão importante se exercitar, além de fazer o sistema cardiovascular funcionar melhor. A meditação também ajuda a acalmar a nossa mente inconsciente, melhorando a respiração e trazendo mais paz de espírito para a nossa vida.

Pense nisso quando estiver ansioso, triste, com raiva ou ciúmes de alguém. Todas essas emoções negativas vão minando a sua saúde. Coloque o amor na base de tudo, distribuindo o bem. Essa talvez seja a melhor receita para a saúde.

Consumir alimentos leves, chás e tomar água em temperatura ambiente também ajudam a aumentar a sensação de bem estar. Outra coisa que recomendo é tomar banho frio, pois estimula as defesas do organismo. Quem toma banho frio dificilmente fica gripado. Outra coisa importante é estar em harmonia com a natureza. Ou seja, buscar lugares de natureza pelo menos uma vez na semana. Pode ser andar descalço na grama, ir a um parque ou tomar um banho de mar. Isso naturalmente vai trazer maior equilíbrio energético ao seu corpo e acalmar a sua mente.

Se ficar doente, há técnicas de auto-hipnose que podem ajudar. Naturalmente, é bom consultar um médico para avaliar a gravidade dessa doença. De qualquer forma, a auto-hipnose sempre poderá ajudar como mais uma ferramenta terapêutica. Com o tempo você poderá reduzir a ingestão de remédios, conseguindo equilibrar o seu organismo e ter uma ótima saúde.

Seguem algumas técnicas práticas para auxiliar o organismo a mobilizar todo o seu potencial de cura.

Visualização de imagem

Deitado confortavelmente trabalhando a respiração diafragmática, imagine as células de defesa do seu corpo destruindo as bactérias ou vírus. Poderá imaginar um jogo em que as suas células envolvem e comem os invasores.

Cromoterapia

Visualizar cores nas regiões em desequilíbrio no seu corpo poderá ajudar bastante. Abaixo descrevo as cores e os benefícios relacionados:

a) Prata + laranja: para tratamento dos pulmões, vias aéreas superiores e asma

b) Lilás + azul esverdeado: aplicado em ginecologia, em fibromiomas

c) Dourado + laranja + amarelo: debela crises de angústia

d) Prata + azul claro: úlceras

e) Azul + verde + laranja: úlcera duodenal

f) Amarelo : dores em geral

g) Prata + violeta + laranja + azul: câncer

h) Lilás: desintegra os sentimentos e pensamentos negativos

i) Verde escuro: cicatrizante
j) Verde claro: desinfecciona e esteriliza
k) Laranja: símbolo de energia, saúde, vitalidade e eliminador de gorduras do sangue
l) Rosa: Ativa o Sistema Parassimpático, promovendo o equilíbrio de todas as células do corpo

Visualize a imagem de você deitado em algum lugar de natureza, recebendo essas luzes de algum médico ou terapeuta em sua mente. Faça isso uma vez ao dia até que seu organismo fique equilibrado. Lembro que essa terapia pode e deve ser trabalhada em conjunto com a abordagem médica tradicional, sendo essas técnicas mais um instrumento de alívio dos sintomas.

Capítulo 9 - Técnicas para emagrecer

A maioria dos casos de sobrepeso está ligada à programação mental e ansiedade. Nossos pais e os estímulos da sociedade acabam fazendo sugestões equivocadas, que ficam plasmadas em nossa mente. Além disso, os traumas e sentimentos mal trabalhados na infância e adolescência tendem a nos acompanhar durante toda a vida, fazendo descontar na comida.

Quando crianças, confundimos a ansiedade com fome e essa associação fica estabelecida. Além disso, os pais costumam repetir durante anos que para ser saudável e ficar forte é preciso comer muito. O conforto da vida moderna e os alimentos pobres em nutrientes e ricos em conservantes, gordura, sal e açúcar prejudicam ainda mais o equilíbrio da alimentação.

Dessa forma, crescemos com a programação inconsciente que comer pouco é ruim. Outro fator é que ninguém gosta de perder. Perder peso é associado à falta de saúde ou passar fome. Ficar magro é outro problema, pois a magreza é associada à pobreza e doença. Então vivemos esse forte conflito entre as mentes consciente e inconsciente.

Outro fator importante é a preguiça em fazer exercícios físicos. Isso está relacionada à autossabotagem. Ou seja, temos motivos inconscientes para estragar a nossa vida e ficar feio e gordo. Esse motivo pode ser, por exemplo, um casamento ruim.

Ou seja, em resumo, temos a ansiedade, hábitos alimentares destrutivos, falta de exercícios físicos e programação mental equivocada. Assim, para resolver isso temos de fazer uma nova programação mental para atacar todos esses problemas. A seguir seguem os passos para conseguir emagrecer:

Peso ideal

Em primeiro lugar, precisamos saber exatamente qual o nosso peso ideal. Esse peso deve representar o ideal de saúde. É preciso procurar um médico que possa fazer essa avaliação.

Novo Hábito alimentar

Esqueça regime. Você deve educar a sua mente e o seu corpo a um novo hábito alimentar, que seja sustentável e até o final da sua vida. Depois de um mês, você se acostuma e fica consolidado como novo hábito. Procure um nutricionista para fazer uma boa dieta.

Os estudos indicam que a dieta do mediterrâneo é a mais saudável. Nela temos o consumo de peixe, azeite, frutas, verduras, legumes e vinho tinto. Ou seja, alimentos naturais. Sugiro cortar a carne vermelha e o leite, pois eles deixam o intestino lento. Poderá trocar a carne pelo peixe e o leite pelo iogurte, facilitando a sua digestão. Durante a semana você deve seguir a risca essa dieta, deixando para comer no final de semana as coisas que gosta com moderação. Segue, na próxima página, uma tabela com sugestões da dieta do mediterrâneo.

Dieta do Mediterrâneo

Alimentos	Sugestão
Industrializados	Evitar
Carne vermelha e frango	Não consumir
Peixes	Pescada, tilápia, sardinha ou salmão
Frutas e vegetais	Pode Comer livremente. Explorar a variedade na dieta
Azeite Extravirgem	Duas colheres de sopa por dia
Castanhas	Nozes, castanhas e amêndoas. Sugestão para lanche
Sementes	Lentilha, feijão verde, grão de bico, ervilha, amendoim
Laticínios	Iogurte e queijo branco
Vinho tinto ou Suco de Uva Integral	Uma taça ou copo por dia

Exercícios físicos

É preciso colocar na sua agenda ao menos 30 minutos de exercícios físicos durante 5 dias na semana. E para facilitar a programação mental, tem de ser na mesma hora todos os dias. É o momento de cuidar do seu corpo.

Técnica do balão imaginário

Para emagrecer, você precisará comer menos. Com a auto-hipnose você pode fazer isso sem esforço. Deite confortavelmente com a respiração diafragmática e projete a sua mente para um lugar de paz. Visualize você deitado com uma bola de encher de aniversário vazia na cor azul em sua mão. Conte de 3 até um e engula essa bola. Atenção. Falo engolir de forma imaginária, certo? Depois disso veja essa bola enchendo e ocupando um terço do seu estômago. Repita mentalmente que agora tem um balão no seu estômago ocupando um terço dele. Que a partir de agora esse balão irá ajudar na sua digestão e que você naturalmente terá de comer um terço a menos em todas as refeições. Veja novamente o balão ocupando um terço do seu estômago. Repita essa sugestão mentalmente por 7 vezes vendo essa imagem.

Agora para sua mente inconsciente você tem um balão no estômago que o impede de comer a mesma quantidade. De forma consciente, você deverá ajudar a sua mente inconsciente comendo um terço a menos em todas as refeições.

Visualização da imagem no peso ideal

Você não irá emagrecer ou perder peso. Pare de repetir isso. Você irá ganhar saúde, bem-estar, leveza, qualidade de vida. Seu organismo irá eliminar o excesso de gorduras e as toxinas do seu organismo. Ou seja, você ganha saúde quando se aproxima do seu peso ideal. Essa linguagem é mais bem recebida pelo nosso inconsciente, que é sempre literal e preocupado com a nossa saúde.

Dessa forma, deite confortavelmente e respire pelo diafragma. Agora visualize a sua imagem em uma praia no seu peso ideal. Observe cada detalhe do seu corpo. Mostre a sua mente inconsciente exatamente o corpo que deseja ter. Faça isso todos os dias antes de dormir até que consiga atingir o seu peso ideal.

Outra dica é visualizar essa imagem associada ao emagrecimento. Tome um suco de limão pela manhã em jejum. Coloque o suco de meio limão em um copo de água, sem açúcar. O limão é antioxidante e elimina as toxinas do organismo. Ao tomar o suco pela manhã, visualize a sua imagem no peso ideal. Diga mentalmente que o seu inconsciente irá trabalhar para eliminar o excesso de gorduras e as toxinas do seu organismo. Faça isso todos os dias até atingir o seu peso ideal.

Técnica do laser imaginário

Essa técnica consiste em indicar por meio da auto-hipnose as áreas que o seu inconsciente deve eliminar as gorduras localizadas. Deite confortavelmente em respiração pelo diafragma e visualize você deitado confortavelmente no seu lugar de paz e natureza. Visualize a imagem de um médico ou terapeuta aplicando em você um laser na cor laranja. Esse laser tem o poder de queimar as gorduras do seu organismo e eliminar as toxinas. Aplique o laser em cada região em que deseja eliminar as gorduras localizadas. Sinta o laser queimando essas gorduras. Repita essa técnica por 15 minutos ao dia até atingir o seu peso ideal.

Com essas técnicas e com os novos hábitos consolidados, o organismo tende a eliminar de 1 a 2 quilos por semana. É preciso ser disciplinado para colocar tudo isso em prática e atingir o seu objetivo. Depois disso, você terá a certeza do poder da sua mente e da sua capacidade em programá-la.

Capítulo 10 - Otimismo e motivação

As pessoas mais otimistas e ousadas tem o córtex pré-frontal esquerdo mais ativado. Já as pessoas mais melancólicas, tímidas e pessimistas possuem o córtex pré-frontal direito mais ativado. Ou seja, a desmotivação, a tristeza e o pessimismo representam o desequilíbrio mental, normalmente associado a traumas psicológicos, negligência e falta de afeto, principalmente durante a infância e adolescência.

É possível aprender a ser otimista e a ter motivação. A primeira coisa para esse exercício é tomar consciência dos pensamentos negativos em sua mente e substituí-los por pensamentos positivos. Comece a utilizar para isso a técnica do

Mas. Por exemplo: "Eu sempre me esforço para fazer tudo certo, mas tudo só dá errado em minha vida". Ao tomar consciência desse pensamento, substitua as frases: "As coisas não tem acontecido da melhor forma, mas com o meu esforço tudo irá dar certo!". Ou seja, seguindo o seguinte formato: pensamento negativo – mas – pensamento positivo.

A segunda dica é pensar nos aprendizados. Tudo o que acontece na vida, seja de bom ou de ruim traz um aprendizado. Pessoas funcionais aprendem com os seus erros e crescem com eles. Não ficam se lamentando pelo que aconteceu ou pelo que poderiam ter feito. Refletem sobre os acontecimentos, tiram as lições e seguem em frente. Dessa forma, estará acostumando o seu cérebro a enxergar o lado positivo dos acontecimentos.

A terceira coisa a ser exercitada é a técnica do mantra e auto-hipnose antes de dormir.

Faça um relaxamento antes de dormir, utilizando as técnicas de auto-hipnose e repita mentalmente a seguinte frase: "A cada dia me sinto mais otimista e mais motivado". Se preferir, segue outro exemplo: "A cada dia me sinto mais disposto e mais animado". Poderá, ainda, criar a sua própria frase positiva, com o que deseja para a sua vida. A técnica consiste em repetir essa frase até dormir. Faça isso todos os dias e irá perceber que se sentirá melhor.

Você poderá estimular a maior ativação do seu córtex pré-frontal esquerdo, presente nas pessoas mais otimistas. A técnica de auto-hipnose consiste em visualizar uma luz prata no lado esquerdo da sua testa, mentalizando que a sua mente vai trabalhar para ativar essa região, fazendo com que seja mais ousado, mais otimista e mais motivado. Ao longo de 3 a 6 meses, é possível alterar completamente a polaridade cerebral, fazendo com que esses novos circuitos passem a ser a opção padrão do cérebro.

Encontre sempre um significado maior no que estiver fazendo. Isso vai trazer motivação e vai deixá-lo mais produtivo. Esse otimismo aprendido tem a capacidade de contaminar positivamente as pessoas que convivem com você, deixando a sua vida mais leve e mais feliz.

Capítulo 11 - Criatividade

A criatividade é o momento em que o cérebro forma sinapses inéditas, fazendo com que tenhamos um novo insight. A frequência cerebral atinge o nível máximo, a onda gama. Assim, tendemos a ficar em euforia com a nova ideia, aprendizado ou nova percepção.

A criatividade pode ser exercitada e estimulada, fazendo com que a sua mente inconsciente possa ajudá-lo a resolver os seus problemas. Existem, para isso, alguns passos, descritos a seguir:

I) Identifique o problema a ser resolvido. Reúna o máximo de informações sobre ele

II) Depois de estudar o problema, relaxe. Pare para meditar ou fazer alguma atividade que promova esse relaxamento mental. Seu cérebro precisa estar em onda alfa, ou seja, a onda da meditação. Você poderá deitar e pensar em alguma imagem agradável. Ou ir a alguma praia caminhar e olhar o mar. Nesse momento de relaxamento é que o seu cérebro terá mais chances de fazer as novas conexões e emergir a grande ideia.

III) Quando o momento criativo surgir, você ficará agitado, radiante com a onda gama. Ou seja, sua frequência cerebral foi para o nível mais alto, resultado dessas sinapses do cérebro.

Assim, para ser mais criativo é preciso ter alguns momentos de ócio durante a semana. As pessoas que vivem correndo, estressadas e sempre em atividade não oferecem a chance ao seu cérebro de criar o novo. É preciso ter uma vida menos agitada e com pausas estratégicas para possibilitar novos estímulos ao cérebro. Por isso que as grandes empresas, como a Google, possuem ambientes de trabalho tão descontraídos.

Permita-se ir ao cinema ou a praia durante a semana. Dedique mais tempo à meditação. Esse ócio criativo vai fazer com que seja uma pessoa inovadora, fora dos padrões médios. Esse novo caminho abrirá mais portas na vida profissional e permitirá aumentar a qualidade de vida.

Capítulo 12 - Programação mental para o sucesso e realização de sonhos

Pense no seu sonho ou no próximo objetivo mais significativo para a sua vida. Feche os olhos e imagine ele sendo realizado.

É exatamente essa a técnica de programação mental para o sucesso. Você deve agir como se esse sonho já estivesse sendo realizado. Ou seja, primeiro as coisas acontecem na sua mente, depois ela se tornam realidade. Isso vai fazer com que a sua mente, que funciona semelhante a um wi-fi, se conecte com os cérebros que podem ajudá-lo a concretizar os seus sonhos ou desejos.

Explore essa imagem mental em detalhes. Se for um novo negócio, visualize a sede da empresa, os colaboradores, os negócios sendo fechados. Deixe a sua imaginação tomar conta. Se for um lar, imagine cada detalhe dessa nova casa ou apartamento. Onde fica esse lar e tudo aquilo que há dentro. Poderá fazer a mesma coisa para qualquer objetivo, seja ele profissional, material ou pessoal. Encontrar a esposa ou o marido ideal, projetar o nascimento de filhos, ou definir o futuro brilhante da sua carreira.

A técnica consiste em fixar um objetivo por vez e visualizar a imagem se concretizando todos os dias antes de dormir. Lembre-se: quando você está relaxando antes de dormir, a sua frequência cerebral cai e fica mais fácil a comunicação com o inconsciente, facilitando a programação mental. Explore as imagens e deixe fluir a sua imaginação até dormir. Faça isso todos os dias até atingir esse sonho ou grande objetivo.

Você vai ter a noção na prática do poder da sua mente, tendo aprendido que poderá fazer o que quiser da sua vida, passando a ter o controle sobre tudo. Esse poder precisa ser exercitado e deve ser sempre utilizado para o bem. Você, então, terá descoberto a sua essência enquanto indivíduo, percebendo que está conectado aos outros seres humanos e à natureza. Poderá realizar os seus sonhos e encontrar a paz interior. Quando isso começar a acontecer você terá atingido ao equilíbrio emocional e estará em conexão com a sabedoria da sua mente inconsciente, sendo mais intuitivo e mais amoroso. Descobrirá que a felicidade é interior. Ela é resultante da forma construtiva que utiliza a sua mente e proporcional ao bem que faz a si e ao próximo.

Referências

- Araújo, Jovino (2004): Hipnose Ericksoniana

- Araújo, Marcelo (2017): Hipnose Clínica e a Neurociência

- Barz, Patrícia (2006): Apometria para Iniciantes

- Bauer, Sofia (2014): Manual de Hipnoterapia avançado e técnicas psicossensoriais

- Callegaro, Marco Montarroyos (2011): O Novo Inconsciente: como a terapia cognitiva e as neurociências revolucionaram o modelo de processamento mental

- Carreiro, Antônio (2006): Hipnose e Psicoterapia: Etiologia e práxis

- Fuentes, Daniel (2014): Neuropsicologia: teoria e prática

- Goleman, Daniel (2012): Inteligência Emocional: a teoria revolucionária que define o que é ser inteligente

- Goleman, Daniel (2012): O cérebro e a inteligência emocional: novas perspectivas

- Goleman, Daniel (2014): Foco: a atenção e seu papel fundamental para o sucesso

- Goleman, Daniel (2005): A arte da meditação

- Passos, Antônio Carlos de Moraes (1998): Hipnose: considerações atuais

- Pliszka, Steven R. (2004): Neurociência para o clínico de saúde mental

- Puentes, Fábio (2001): Auto-Hipnose – Manual do Usuário

- Rabelo, Fernando Luiz de Azevedo (2002): A Hipnose no terceiro Milênio

- Rossi, Ernest (2008): A Nova Neurociência da Psicoterapia, Hipnose Terapêutica e Reabilitação: um diálogo criativo com os nossos genes

- Silberfarb, Benomy (2011): Hipnoterapia Cognitiva